AF283498

O, flexamina atque omnium regina rerum, oratio

POESÍA DIARIA Y NECESARIA

(Haikus, senryus y zappais)

Javier Caboblanco

POESÍA DIARIA Y NECESARIA

(Haikus, senryus y zappais)

Javier Caboblanco

Editorial LEDORIA
J   M   R

I.S.B.N.: 978-84-19887-21-4
Depósito Legal: TO-404-2023
* Calle del Conde de Casal, núm. 47
Las Ventas con Peña Aguilera (Toledo)
* Calle de la Fuente del Moro, núm. 6
Toledo
Teléfono: 925 25 13 81
Correo electrónico de contacto: info@editorial-ledoria.com
www.editorial-ledoria.com

Enero

Uno de enero.
Las campanas lejanas.
Sol y rocío.

2 de enero

Escarcha suave
para comenzar el año.
Dos de enero.

3 de enero

¿Será la luna
quien blanquea la hierba?
Tres de enero.

El sol no tiene
ganas de levantarse.
Cuatro de enero.

5 de enero

Noche de Reyes.
No veo mejor regalo
que estar contigo.

6 de enero

Todo mojado
por la niebla. Parece
recién nacido.

7 de enero

Nido vacío
en el árbol sin hojas
¿Dónde habrán ido?

¡Pobres criaturas
Cada tarde, sus hijos
despiden al sol

Arriba el telón.
Silencio en la platea.
Bodas de sangre.

10 de enero

La sensación
de un hogar lejano:
huele a humo.

11 de enero

El frío cielo
de enero. En la torre
una cigüeña.

Llora el tejado
la escarcha de la noche.
Reloj de agua.

13 de enero

La cicatriz
de mi brazo revive
hoy a mi perro.

14 de enero

Nada te turbe.
Haz caso a Teresa:
todo se pasa.

15 de enero

Luna creciente
en la noche de enero.
Gato de Cheshire.

La parda y fría
tarde de invierno. Llueve,
según Machado.

17 de enero

Ayer fue fiesta.
Hoy mis dedos se acuerdan
de la guitarra.

18 de enero

¡Pobres criaturas!
Cada tarde, sus hijos,
despiden al sol.

19 de enero

¿Sabe mi gato
cómo es Toledo? Sale
todas las noches...

Noche de enero.
otea la luz fría
de las farolas.

Hoy es la luna
la que observa mi cuarto
crecer o menguar.

22 de enero

Ni una nube
en el cielo. Los fríos
días de enero.

23 de enero

Hoy todo el frío
está en mis dedos. Manos
rojas de enero.

En la acera
hay un charco repleto
de cielo y árbol.

Frías por igual
la rama y la antena
en el invierno.

26 de enero

La hierba helada
cruje a cada paso.
Despierta el campo.

27 de enero

Estela de avión.
Brillante pentagrama
de aves y vientos.

Adiós del sol
en la tarde de enero.
¡Cuánta belleza!

29 de enero

Niebla en el Valle.
¿Cómo puede el aire
ocultar Toledo?

30 de enero

¿Qué hemos hecho
por merecer un día
como el de hoy?

31 de enero

Huye del frío
cada tarde de enero.
Tiembla mi sombra.

Febrero
1 de febrero

Llega tranquilo
febrero. Se resiste
a ser invierno.

2 de febrero

¡Ver amanecer
allí donde las nubes
alzan el vuelo!

3 de febrero

¡Qué bellas nubes
dibujan los aviones
de vez en cuando!

Aire en el aire
surcando el cielo. Globo,
silencio y fuego.

5 de febrero

En cada hoja
hay un árbol. Recuerdo
de sus raíces.

6 de febrero

Como dibujos
en el cielo: las ramas
de todo árbol.

7 de febrero

Grata sensación
de un hogar lejano:
Huele a humo.

Arde febrero
en fríos y en heladas.
Mañanas blancas.

9 de febrero

Fresca mañana
de febrero. La luna
tiene escarcha.

10 de febrero

En ocasiones,
el reflejo supera
la realidad.

11 de febrero

En el camino
un perro se sorprende
igual que yo.

Desde el árbol
alza el vuelo un avión.
¡Ojos de niño!

13 de febrero

Tibio rescoldo
del día. ¡Date prisa
en encenderte!

14 de febrero

La nube blanca
que nace en cada almendro
llueve en mil pétalos.

15 de febrero

De ámbar a rojo
cuando me acerco. ¡Siempre!
¿Qué le habré hecho?

Mes de febrero.
Lo dice el calendario
pero es mentira.

17 de febrero

Mira el charco
como una ventana
y todo cambia.

18 de febrero

Y cada tarde,
por su propio camino,
se nos va el sol.

19 de febrero

Precioso día.
La luna se resiste
a dejarlo ir.

No tengo ganas
de escribir esta tarde.
Sólo respirar.

21 de febrero

La lluvia de ayer
anega los caminos.
Dura jornada.

22 de febrero

Está el invierno
navegando tan lento
que no se siente.

23 de febrero

Quedan las brasas
amarillas, naranjas,
del fuego de hoy.

Atornillado
de espaldas al Tajo.
¡Triste destino!

25 de febrero

En la oscuridad
están los miedos. Todos.
Escoge el tuyo.

26 de febrero

Brotan las flores
imitando a la luna.
Pétalos blancos.

27 de febrero

El sitio ideal:
entre el día y la noche,
la tierra y el mar.

A orillas del mar
terminan los pasos y
nacen los sueños.

Marzo

Borde del mar.
Terminan los pasos y
nacen los sueños.

2 de marzo

No sabe el árbol
lo que le debe al sol.
Vida en la luz.

3 de marzo

Se marcha el sol
dejando su recuerdo.
Nidos de luz.

Se va el invierno
en vientos y en nubes,
lento y amable.

5 de marzo

Esta mañana
el almendro me dijo
que estamos vivos.

6 de marzo

Ola en constante
caricia de la playa.
Latido del mar.

7 de marzo

Un perro ladra.
Ya es protagonista
de mi poema.

Si el mar apaga
el sol cada atardecer.
¿Cómo resurge?

Si cada hoja
fuera un hijo... ¡Qué triste
árbol de otoño!

10 de marzo

Hay tanta muerte
a nuestro alrededor
que no la vemos.

11 de marzo

El lapicero
escribe mi alegría.
¡Parece magia!

Y en el centro
de esta maravilla,
solo nosotros.

13 de marzo

Y cada tarde
que el sol viene a jugar,
nos pinta sombras.

14 de marzo

En acuarela
se diluye la tarde
¡Hermoso cuadro!

15 de marzo

Con sus burbujas
de invierno se engalana
el cinamomo.

Y el caracol,
ajeno a mis pisadas,
hace sus cosas.

17 de marzo

Como en Blade Runner,
no se ve el horizonte:
es la calima.

18 de marzo

Sabe el árbol
que ya no queda invierno.
¡Nacen los brotes!

19 de marzo

Tarde de plomo.
El viento trae fríos
mensajes de agua.

Veinte de marzo.
Sólo una fecha. Pero
ya todo es cambio.

21 de marzo

Tras la tormenta
de arena regresa
el mes de marzo.

22 de marzo

Mejor lo dejo:
el dolor en la espalda
no ayuda al haiku.

23 de marzo

¿Qué sentirá
la flor cuando se abre
y nos descubre?

Llora el tejado
la escarcha de la noche.
Reloj de agua.

25 de marzo

Ya no me duermo.
Quiero volver al sueño,
pero se ha ido.

26 de marzo

La primavera
ha llegado en olas
de nubes blancas.

27 de marzo

¿Pensarán en mí,
como yo pienso en ellas,
las golondrinas?

Hoy es domingo,
por eso el sol acaba
de despertarse.

29 de marzo

Lirio silvestre:
pincelada de color
sobre las nubes.

30 de marzo

Repiquetea
con su palo en la reja.
Juego de niños.

31 de marzo

Así en el cielo
como en la tierra. Todo
tiene su igual.

Abril

No sabes dónde
te vas a encontrar solo
frente a la belleza.

2 de abril

Mas vertical
en la tarde de abril.
Mañana sol.

3 de abril

Busco palabras
para un haiku, pero no
sé dar con ellas.

Porque amanece,
sabemos que el día
nos pertenece.

5 de abril

Verte de nuevo
es como un regalo.
¡Precioso día!

6 de abril

El aire fresco
de abril se deshace
en riachuelos.

7 de abril

¿Todas las aguas
brotan en abril? Creo
que nace el mundo.

Cae una gota
de mi cerveza. ¡Creo
que nos gustamos!

Un riachuelo
en mitad de la ruta.
Camino de agua.

10 de abril

Vivo sonar
del riachuelo. Vena
de primavera.

11 de abril

Las margaritas
entre la hierba. Brillan
igual que estrellas.

Están brotando
todas las hojas verdes
de cada árbol.

Todo son cambios
en la tierra y en el cielo.
Hierba y nubes.

14 de abril

Árbol talado.
¡Qué triste primavera
sin brotes ni hojas!

15 de abril

¿Saben las nubes
el bien que hacen? Agua:
vida líquida.

¡La primavera!
Todo cambia a diario.
Mes de abril.

17 de abril

Cae la lluvia
y el aire se perfuma:
es petricor.

18 de abril

La primavera
se ha subido a las ramas,
tan silenciosa...

19 de abril

La niebla de abril
diluye el campo.
Todo es acuarela.

Sábado Santo
en Hellín. Tamborada
hasta el alba.

21 de abril

Calle abajo
va la tarde, encendiendo
cada farola.

22 de abril

Brisa y jazmín
perfumando abril.
Aroma blanco.

23 de abril

Preciosas nubes.
Arquitecturas blancas
de luz y de aire.

Hoy es el árbol
un cuerpo vegetal
y transparente.

Cada amanecer
se abren mil caminos
que no transitas.

26 de abril

Cuando no pueda
ver ya la primavera.
¿Me leerás haikus?

27 de abril

Perfecto mármol
de nube. ¡Imposible
tanta blancura!

Un pentagrama
en el cielo. Hoy canta
la primavera.

29 de abril

Mañana de abril:
pájaro y semáforo
cantan al día.

Como si el árbol
ardiera en nubes. Bello
final de abril.

Mayo

Todo es hábito.
Andar, hace caminos.
Reír, hace humanos.

2 de mayo

Círculo malva
en el campo de abril:
solo una flor.

3 de mayo

Hay un filósofo
que espera en el semáforo:
el hombre rojo.

Hoy la campana
suena triste. Quizá
sea mi cabeza.

Tienen las noches
más vigilias que sueños,
cuando se espera.

6 de mayo

Cuando sonríen
llenan todo de luz.
Risas de niños.

7 de mayo

Antes de dormir
repaso la jornada.
No estuve mal.

Tan yermo el árbol
como la luna. Triste
madera muerta.

9 de mayo

Olor a césped.
¿Se notará en el aire
mi pelo corto?

10 de mayo

Ya quema el sol
a mediados de mayo.
¡Temo el verano!

11 de mayo

Mi lapicero
ha perdido la punta.
¡Su único diente!

Ya viene el sol,
tan puntual. Se acerca
por esa calle.

13 de mayo

Campos no vistos
por ojo alguno. Viven
y son vividos.

14 de mayo

Son las estelas
de los aviones, nubes
de vacaciones.

15 de mayo

Dice mi sombra
que quiere vacaciones:
ama el invierno.

Calienta mayo
los campos verdes. Pronto
serán de sol.

Por lo canales
de Venecia se llega
a cualquier sitio.

18 de mayo

Y de repente
la vida muestra, al fin,
toda su magia.

19 de mayo

¡Tanta belleza
 sobre nuestras cabezas!
Preciosas nubes.

Venecia se alza
sobre un mar de troncos.
Raíces de mar.

Lirios silvestres:
fuegos artificiales
de primavera.

22 de mayo

Flor de granado,
tan roja en mayo.
Luego será de agua.

23 de mayo

¡Disfruta el día!
Cada sol es un óvulo.
Y están contados.

¿Hueles el aire?
Mayo, un año más,
abrió sus flores.

25 de mayo

Viento de mayo
sobre los campos. Olas.
Mar vegetal.

26 de mayo

Toda brillante,
dorada... Es la espiga
luz vegetal.

27 de mayo

El campo es hembra.
Las nubes, masculinas.
¿Acaso importa?

Saben los charcos
de cielos y de nubes:
agua de lluvia.

Las nubes de antes,
de cuando niño. Viejas
y siempre nuevas.

30 de mayo

Las frescas plantas
del campo. Madrugada
del mes de mayo.

31 de mayo

Algarabía
de pájaros. Acaba
el mes de mayo.

Junio
1 de junio

Uno de junio.
Las nubes y el sol siguen
haciendo magia.

2 de junio

Se abre la puerta
del día. ¡Qué regalo!
¡Es todo tuyo!

3 de junio

Vuelvo a caminos
donde un día creí
ser inmortal.

¡Eres un sol!
¡Hasta mi kiwi sabe
cuánto te quiero!

Da gusto el cielo
desde la tierra. Pero...
¿y al revés?

6 de junio

Un hormiguero
nuevo tras cada lluvia.
¡Y nos quejamos!

7 de junio

Cambio constante
de forma y de color.
¡Cosas de nubes!

Grato concierto:
pájaros y semáforo.
¡Empieza el día!

9 de junio

Las plantas crecen
en todas direcciones.
No aceptan normas.

10 de junio

Viento en la piel.
Luz en los ojos. Junio
es todo un haiku.

11 de junio

Cuerdas y lona
forman el palio. Velas
fijas del Corpus.

Se calma el año
con el calor de junio.
Llega el verano.

13 de junio

Si en el suelo
es un espejo: llueven
gotas de cristal.

14 de junio

¡Es la mañana
del Corpus y Toledo
huele a tomillo!

15 de junio

Ochenta y seis
años de vida útil.
¿Cómo lo llevas?

Viento de junio.
Promesa de un alivio
tras el calor.

17 de junio

El sol se abre
en ramas cuando pasa
por las de un árbol.

Hay tantas plantas
que no sé nombrar. ¡Serán
años de haikus!

La mariposa
atraviesa la ciudad
ajena al tráfico.

Aún las sombras
están dormidas. Calma.
Sólo está el sol.

21 de junio

Últimos días
de escuela. Pronto el patio
quedará mudo.

22 de junio

Ayer llovió
y el cielo abrió ventanas
por todo el suelo.

23 de junio

Gotas de lluvia
sobre una hoja. Vida
sobre la vida.

Son tan distintos
geometría y cielo
que dan placer.

Fragor de hojas
en la arboleda. Todo
ruido se apaga.

26 de junio

Inexplicable
que no caiga una nube,
jamás, al suelo.

27 de junio

¡Qué maravilla,
las nubes!¡Tan iguales
y tan distintas!

Moldea el aire.
Lánzalo al cielo. Mira:
¡Esa es tu nube!

Luces y sombras
de las hojas temblando
al son del aire.

Agua redonda
encerrada en sí misma.
¡Gota de lluvia!

Julio

1 de julio

Ya se han abierto
las puertas al calor:
empieza julio.

2 de julio

Luces y sombras
de las hojas temblando
al son del aire.

3 de julio

Son como momias
de aquella hierba. Pajas
secas de julio.

Día amarillo
de julio. Sólo luz
y aire caliente.

Aire de miel:
cálido y denso. Julio
brilla y quema.

6 de julio

El viento cálido
de julio mueve hojas
y mariposas.

7 de julio

Entre las plantas,
el río: camino paralelo
a mi camino.

Cuando regresa,
cada tarde, es negra
la gaviota.

¿Adónde van
las nubes tras dejarnos
tanto asombro?

10 de julio

Adelfa roja.
Amapola de julio con
cinco pétalos.

11 de julio

Hoy la ciudad
suena sólo a pájaros.
Fresco domingo.

Adelfa blanca.
Añoranza de invierno
y sus almendros.

13 de julio

Me vengo al mar
para recordar que soy
agua latiendo.

14 de julio

Olas de jade
a la luz de la tarde.
Agua y espuma.

15 de julio

Mañana fresca
de julio: un regalo
inesperado.

Ola de mar:
latido horizontal
del mar vibrante.

Noto la sal:
una segunda piel
de agua de mar.

18 de julio

Con el calor,
el olor de la higuera
levanta el vuelo.

19 de julio

Dos mariposas
revolotean juntas.
¡Fiesta en el aire!

Está la tarde
tan espesa que puede
que no anochezca.

21 de julio

¿Tendrán las flores
tanto calor en julio
como nosotros?

22 de julio

¡Bendita luna!
¡Toda la noche dando
frescor al viento!

23 de julio

Recuerdos de agua,
de playa, de sol. Fotos
para el invierno.

¡Pasan tan lentas
las horas de la siesta!
Tiempo perdido.

24 de julio

Duermen los gatos
en las sombras más frescas
de mi jardín.

26 de julio

Cuando la avispa
choca conmigo, deja
miedo en mi piel.

27 de julio

Tras de la flor,
la granada. Vasija
de agua dulce.

Noches de julio:
cuando el aire es más fresco,
comienza el día.

29 de julio

Un paso más
puede cambiarlo todo.
Sólo hay que darlo.

30 de julio

Aire caliente.
Las espigas me dicen:
¿Dónde va el viento?

31 de julio

Corren las hojas
arañando el suelo.
Tarde de viento.

Agosto

1 de agosto

Pasa la tarde
como tantas de ellas
lo hicieron antes.

2 de agosto

No te preocupes.
La calle es como ayer.
Tú, no: mejor.

3 de agosto

Con el calor,
los caracoles sueñan
sueños de árboles.

Latir del tiempo
en el comer constante
de la carcoma.

5 de agosto

Todo en agosto
va más lento: los días
navegan calmos.

6 de agosto

Ya nadie espera
que regreses a casa.
Ha muerto el perro.

7 de agosto

Toda la vida
a mi lado. Mi sombra,
no te conozco.

Cae la tarde
y se despide el sol
hasta mañana.

9 de agosto

Hoy las chicharras
ensordecen la tarde.
¡Cuánto calor!

10 de agosto

Tierra mojada
y, de repente, el día
promete infancia.

11 de agosto

Viendo a mi nieto
recuerdo a mis abuelos
y su disfrute.

Abrir el ojo
al día como se abre
una ventana.

¿Y si anida
un avión en el árbol
de mi ventana?

14 de agosto

Juegos alegres
entre trinos. El volar
de los gorriones.

15 de agosto

Bueno es saber
que mañana, también,
volverá el sol.

El viento enfría
las hojas ¡Qué calor
el de anoche!

17 de agosto

Campo amarillo.
De tanto sol, teñido
de su color.

18 de agosto

¿Ves corazones
en torno a ti? Tus ojos
los llevan dentro.

19 de agosto

Planta del campo,
ajena a todo. Bella
y sin saberlo.

Aire caliente.
Aleteando toldos
se va la tarde.

Escucha el viento...
y la mezcla de idiomas
que van con él.

22 de agosto

Presta atención:
la belleza del mundo
está a tu lado.

23 de agosto

Salta una piedra
mientras paseo. Vuela
el saltamontes.

Duele la ausencia.
Pero más la presencia
sin interés.

25 de agosto

El cielo azul
de un nuevo día. ¡Todo
se puede hacer!

26 de agosto

Atardecer
es la diaria sorpresa
de renacer.

27 de agosto

Ahí está el sol
desleído entre las olas,
tarde tras tarde.

Los pensamientos
fluyen, yendo y viniendo:
fila de hormigas.

Se va secando,
como suelo mojado,
la luz del sol.

30 de agosto

Risa de urracas:
con algo se divierten
en la mañana.

31 de agosto

Ya llega el viento
que anuncia el otoño:
cálido aún.

Septiembre

1 de septiembre

Se va la nube
y el sol marca mi sombra
sobre el sendero.

2 de septiembre

Quiero dejar
bellos recuerdos. Nunca
risas y escombros.

3 de septiembre

Parece el mar
querer vernos en tierra
ola tras ola.

Y un día, sin más,
el calor del verano
se vuelve frío.

5 de septiembre

Yo era un tallo,
una brizna de hierba.
Hoy, la corteza...

6 de septiembre

> Vaso de agua
> en verano. El hielo
> muere de sed.

7 de septiembre

> Se va gastando,
> con el calor del sol,
> este verano.

Atardecer:
el diario recuerdo
de todo fin.

9 de septiembre

¿Cómo no hacer
de la realidad algo
más divertido?

10 de septiembre

Sueña con ser
tan viajero y cambiante
como una nube.

11 de septiembre

El sol de antes.
El sol de hoy. El mismo
que quedará.

Por la persiana
entran: la luz, el aire
y la ciudad.

Hoy el viento trae
un olor de romero
y agua de lluvia.

14 de septiembre

Todas las hojas
caídas de los árboles
hablan de muerte.

15 de septiembre

Sombras del alba
sobre el camino: frescas
y aún dormidas.

De pronto se abren
un par de alas. Vuela
la mariposa.

Última lluvia
de verano. Cae agua
sobre los pájaros.

18 de septiembre

Ya son más frescas
las mismas sombras. Todo
se vuelve otoño.

19 de septiembre

Un remolino
de hojas, hierbas y plumas
gira en la esquina.

En esta tarde
puedo llegar a creer
que soy eterno.

21 de septiembre

Ya que el otoño
se nos acerca, vamos
a disfrutarlo.

22 de septiembre

¡Qué atardecer!
Se va una hoja más
del calendario.

23 de septiembre

Las golondrinas
vuelan como limpiando
el amanecer.

Ya caen las hojas
primeras del otoño.
Fin del verano.

25 de septiembre

Aun el calor
acorta los paseos.
Llega el otoño.

26 de septiembre

¿La has sentido?
La idea repentina
de que estás vivo.

27 de septiembre

Ni algodón
ni mármol: pura magia
la de las nubes.

De geometrías
del aire, saben todo
las golondrinas.

Todo en el árbol:
mineral, vegetal
y animal.

Después de llover
todo se vuelve blando,
como de agua.

Octubre
1 de octubre

Los caracoles
despiertan en otoño.
¡Agua en el aire!

2 de octubre

Hojas y pájaros
sobre el cielo gris. Fresco
cuadro de otoño.

3 de octubre

Nubes de otoño:
sinfonías del cielo.
¡Cuánta belleza!

Cuando el cielo
es todo azul, sin nubes:
lienzo en blanco.

Guardo recuerdos
felices de un pasado
que no fue tanto.

6 de octubre

El viento juega
a recordar otoños
bajo el olivo.

7 de octubre

Un arco iris
alerta de la lluvia
que se aproxima.

Despierta el sol
licuando el rocío
de cada hoja.

9 de octubre

Guarda lo bello
de cada día: suma
así un tesoro.

10 de octubre

No es normal
sufrir este calor
en el mes de octubre.

11 de octubre

Lluvia en la tarde:
parece ir apagando
la luz del día.

Qué hermosa alquimia
la de los charcos: mutar
de piedra en agua.

13 de octubre

Caricia y sol
en la hierba. Mañana
tibia de otoño.

14 de octubre

Salen los frutos
del castaño de Indias
de erizos verdes.

15 de octubre

Cielo cambiante:
distinto cada día.
A cada instante...

Tras cada noche
nos llega el sol. La luna
guía el camino.

La calle duerme.
El café del domingo
no tiene prisa.

18 de octubre

Si los recuerdos
persisten, el pasado
se hace presente.

19 de octubre

El árbol muerto.
Quemado y congelado
ya para siempre.

Todos los días
son tuyos: tu regalo
y tu labor.

21 de octubre

Es este aire
que comba ramas, fuerte
viento de otoño.

22 de octubre

Hojas y aire
juegan de nuevo después
de todo un año.

23 de octubre

Olor a lluvia
trenzado en el aire.
Tarde de octubre.

24 de octubre

Son pocos sitios
los que se ven tan bellos
como su cielo.

25 de octubre

Sueña la calle
a veces con ser río
y brota charcos.

26 de octubre

Siempre me han dicho
que estaba en las nubes.
¡Ay!... ¡Ojalá!

27 de octubre

El primer aire
de la calle en el rostro.
¡Qué buenos días!

Hoy la neblina
prueba que la ciudad
duerme su sueño.

Árbol quemado:
naturaleza muerta.
Solo un recuerdo.

30 de octubre

Hay caracoles
en la senda. Despiertos
porque ha llovido.

31 de octubre

El agua llora
su nostalgia de cielo.
Charco de nubes.

Noviembre

1 de noviembre

Suena la arena
en el camino.
Andamos mi perro y yo.

2 de noviembre

¿Sufrirá el árbol
de alguna manera
sus hojas muertas?

3 de noviembre

Hoy amanece
de nuevo. Un día más.
Un día menos.

El camino húmedo
por el agua de lluvia.
Los pasos blandos.

5 de noviembre

Como una bruma
de luz, el amanecer
pinta las ramas.

6 de noviembre

Recuerdo el mar
cuando el otoño siembra
charcos de lluvia.

7 de noviembre

Negra silueta.
Al alba, la ciudad,
parece noche.

Andar, pasar
por el otoño. Ver,
sentir la vida.

10 de noviembre

Allá se va
la luz del día. Perla
de atardecer.

11 de noviembre

¡Cómo se acuestan
las sombras en el campo!
Tarde de otoño.

12 de noviembre

La noche fría.
Parecen las estrellas
copos de nieve.

La transparencia
perdida de los ojos.
¡Queda el recuerdo!

14 de noviembre

Sala de espera.
Las voces apagadas
junto a las toses.

15 de noviembre

Vuela ligera
la tarde hacia la noche.
Así es noviembre.

16 de noviembre

Se queda quieto
el perro en el campo.
Algo venteó.

¡Ya huele a humo
la tarde de noviembre!
Las chimeneas...

18 de noviembre

Amanecer.
Tras la ciudad crece
la luz del día.

19 de noviembre

Agua de lluvia
y hojas de árbol, juntos,
en este charco.

20 de noviembre

Desentrañando
sombras: es la manera
de amanecer.

Viento de otoño.
La nieta y el abuelo
con su cometa.

Gira el salón
hacia la chimenea:
Tiempo de otoño.

23 de noviembre

¡Cómo anochece
en noviembre! ¡Las luces
mueren de brillo!

24 de noviembre

El que ha olvidado
disfrutar de las nubes,
mira sin ver.

Un globo azul
ascendiendo sin prisa.
Llora un niño.

26 de noviembre

Andar Toledo
es recorrer la Historia
por laberintos.

27 de noviembre

Fría mañana
de domingo. Pasean
amo y perro.

28 de noviembre

Húmedo el campo
como recién parido.
¡Qué amanecer!

La noche deja
un poco de su luz
en cada sombra.

Cae, cada tarde,
el sol como una hoja.
Muere el otoño.

Y uno más por añadidura

Hay un gorrión
saltando sobre el barro.
¡Ya volará!

Diciembre
1 de diciembre

Bosque de nubes
en el amanecer.
Llega diciembre.

2 de diciembre

Hoy, las estrellas,
son como heladas puntas
de alfiler.

3 de diciembre

Hoy la ciudad,
oculta tras la niebla,
se despereza.

En este instante,
igual que miles de ellas,
cae una hoja.

5 de diciembre

Lluvia de invierno.
Frías gotas que tiemblan
en cada rama.

6 de diciembre

Anochecer.
La barca se desata
y se va. Sola.

7 de diciembre

La luna llena
de diciembre conversa
con las farolas.

El tibio sol.
La gota de rocío
en la alambrada.

9 de diciembre

El frío vaho.
El paso apresurado.
Esto es diciembre.

10 de diciembre

La primavera
volverá para abrir
nuestras ventanas.

11 de diciembre

Las chimeneas:
donde se fragua el sol
de los veranos.

Se va la tarde
diluida en los charcos.
No llueve ya.

13 de diciembre

Día de agua
con la lluvia jugando
en sus espejos.

14 de diciembre

Están las hojas
por el suelo, ya muertas
de tanto otoño.

15 de diciembre

Amanecer
de oro y ascuas. ¡Qué luz
la de este día!

La luz del sol
brillando en tus pupilas.
Inolvidable.

17 de diciembre

Hojas mojadas
tras la lluvia. Diciembre
despide el año.

18 de diciembre

Humo y frío.
Escarcha y chimenea.
Bufanda y té.

19 de diciembre

¡Son tan distintas
las espinas del árbol
y del rosal...!

Cae manso el agua
esta tarde. Diciembre
discurre lento.

21 de diciembre

Se va diciembre.
Y llueve sobre mí
con tanta calma...

22 de diciembre

Precioso invierno:
el cielo deshojado
sobre la tierra.

23 de diciembre

Frío en los dedos.
Cuesta escribir el haiku
en el cuaderno.

Acaba el año
y se van desgastando
luz y paisaje.

25 de diciembre

Brillo del sol
sobre la hierba fresca.
¡Es Navidad!

26 de diciembre

Pequeño oasis:
el verdín de la umbría.
Siempre sin sol.

27 de diciembre

Frío en la mano
que sujeta la correa.
Sopla diciembre.

Desde la calle
entra en casa el sonido
de una canción.

29 de diciembre

Llora el árbol...
¿Tristeza o alegría?
El fin de año.

30 de diciembre

Caen las hojas
y una bandada de aves
levanta el vuelo.

31 de diciembre

Termina el año
sin final ni tristeza.
Empieza el año.

Enero	9
Febrero	25
Marzo	41
Abril	57
Mayo	73
Junio	89
Julio	105
Agosto	121
Septiembre	137
Octubre	153
Noviembre	169
Diciembre	185

Dulcedo quedam mentis advenit